Chut!

Josée Ouimet

Illustrations: Benoît Laverdière

Directrice de collection: Denise Gaouette

Catalogage avant publication de Bibliothèque et Archives nationales du Québec et Bibliothèque et Archives Canada

Ouimet, Josée

Chut! Ne dis rien!

(Rat de bibliothèque. Série jaune; 14)
Pour enfants de 6-7 ans.

ISBN 978-2-7613-2375-8

I. Laverdière, B. (Benoît). II. Titre. III. Collection: Rat de bibliothèque (Saint-Laurent, Québec). Série jaune; 14.

PS8579.U444C56 2007 jC843'.54 C2007-941053-7
PS9579.U444C56 2007

Éditrice: Johanne Tremblay

Réviseure linguistique: Nicole Côté

Directrice artistique: Hélène Cousineau

Édition électronique: Talisman illustration design

Dépôt légal – Bibliothèque et Archives nationales du Québec, 2007
Dépôt légal – Bibliothèque et Archives Canada, 2007

234567890 EMP 09
11102 ABCD PSM16

IMPRIMÉ AU CANADA

Je ne peux pas dormir.
Dans dix-neuf minutes, ce sera Noël.
Il n'y a pas encore de cadeaux sous le sapin.
Le père Noël va apporter les cadeaux
seulement à minuit.

Ma grande soeur Ménadou m'a dit :

— Le père Noël a la peau blanche.
Il vit au Pôle Nord.
Il visite tous les enfants de la terre
en une seule nuit.

Maman m'a dit :

— Le père Noël descend par la cheminée.
Il place les cadeaux sous le sapin.
Puis il mange les biscuits.

Ménadou et maman se trompent.
Le père Noël est énorme.
Il ne peut pas descendre par la cheminée.

Le père Noël ne peut pas voler dans les airs.
Il ne peut pas faire le tour de la terre
en une seule nuit. C'est impossible !

Et puis, c'est Filou qui mange les biscuits.
Je le sais. Je l'ai déjà vu.

Tout à coup, j'entends un bruit étrange.
Je me lève et file à toute vitesse
vers le salon.

Je vois le père Noël.
Il place des cadeaux sous le sapin.
Filou se cache derrière le sofa.
Il se lèche les babines.

Le père Noël tourne la tête vers moi.
Il me fait un clin d'oeil et me sourit.

Le père Noël chuchote :
— Chut ! Ne dis rien !
Puis il me fait signe de retourner
dans ma chambre.

Je retourne vite dans ma chambre.
Le plancher craque sous mes pieds.
Je ne dois surtout pas faire de bruit.

Je pense au père Noël...
au père Noël qui est dans le salon.
Si Ménadou le voyait !
Elle serait très surprise. C'est sûr !

Maman ne doit pas savoir ce que j'ai fait.
Elle serait fâchée contre moi.
Elle me gronderait un peu. C'est sûr !

Je ne dirai pas à Ménadou
que le vrai père Noël
a la peau noire. Comme moi !
Chut ! Je ne dirai rien.